T0245670

JULIO PERADEJORDI

LOS TEMPLARIOS Y
EL TAROT

Las cartas del Santo Grial

EDICIONES OBELISCO

Si este libro le ha interesado y desea que le mantengamos informado
de nuestras publicaciones, escríbanos indicándonos qué temas son de su interés
(Astrología, Autoayuda, Psicología, Artes Marciales, Naturismo,
Espiritualidad, Tradición…) y gustosamente le complaceremos.

Puede consultar nuestro catálogo en www.edicionesobelisco.com

Colección Biblioteca esotérica
LOS TEMPLARIOS Y EL TAROT
Julio Peradejordi

1.ª edición: marzo de 2004
3.ª edición: julio de 2022

Diseño de cubierta y maquetación: *Carol Briceño*

© 2004, 2022 Julio Peradejordi
© 2022, Ediciones Obelisco, S. L.
(Reservados los derechos para la presente edición)

Edita: Ediciones Obelisco, S. L.
Collita, 23-25. Pol. Ind. Molí de la Bastida
08191 Rubí - Barcelona - España
Tel. 93 309 85 25
E-mail: info@edicionesobelisco.com

ISBN: 978-84-9111-850-3
Depósito Legal: B-4.033-2022

Printed in India

Introducción

Desde la publicación del famoso *best seller* de Dan Brown *El Código da Vinci,*[1] el interés por los misterios de los Templarios y del Priorato de Sión parece haberse disparado en ambos lados del Atlántico. Sobre todo en los foros de la red, miles de personas discuten sobre el oro de Rennes, la misteriosa vida de Bérenger Saunière (del que tomaría prestado el apellido el personaje principal del libro de Brown) y los pormenores de la trama en la que, aparentemente, se enfrentan el Priorato de Sión con el todopoderoso Opus Dei. Pero la historia de los Templarios, la verdadera historia, no coincide siempre con la versión oficial, y del Priorato de Sión se sabe muy poco, casi nada.[2]

No es nuestro deseo profundizar en ninguno de estos temas sobre todo en este momento en el cual hay disponible una gran cantidad de literatura al respecto; tan sólo desearíamos proponer una teoría en la que, por lo que sabemos, muy pocos estudiosos se han detenido, y es que a partir de un momento de la historia *alguien* dejó un mensa-

---

1. Dan Brown, El *Código da Vinci*, Umbriel, Barcelona 2003.
2. De hecho, no se dispone de ningún dato fiable anterior a 1956, con lo cual el famoso Priorato bien podría ser un invento moderno. Ver a este respecto el libro de Luis Miguel Martínez Otero *El Priorato de Sión*, Ediciones Obelisco, Barcelona 2004.

je relativo a los Templarios escondido *en algún lugar*. No se trata de un mensaje cifrado que utiliza un código criptológico más o menos secreto, se trata, por una parte, de una enseñanza de carácter esotérico conforme a la tradición y, por otra, de unas referencias al trágico e injusto destino que le tocó vivir a la Orden del Temple.

El autor de *El Código da Vinci* dedica apenas unas líneas al Tarot, y lo hace con una gran discreción. En realidad, se limita a señalar la correspondencia entre los cuatro palos de la baraja francesa con los del Tarot y relacionar las espadas con lo masculino, las copas con lo femenino, las varas o bastos con el linaje real y los pentáculos u oros con la divinidad femenina.

Brown olvida decirnos algo y sin duda lo hace deliberadamente: los cuatro caballeros, correspondientes a los cuatro palos, corresponden a los cuatro senescales del Priorato, guardianes tradicionales del Secreto de los Templarios.

No vamos a ahondar tampoco en la enseñanza esotérica,[3] ni mucho menos en la utilización del Tarot como soporte para la adivinación o el ejercicio de la magia, aunque sí haremos alguna incursión en la numerología cabalística, indicaremos algunas correspondencias y comentaremos algunos símbolos, pues el propósito de este pequeño estudio es revelar este lugar y aventurar una línea de interpretación, acaso un poco elemental y apresurada pero que, estamos seguros, contribuirá a que espíritus más preparados ahonden en el tema.

---

3. Recordemos la opinión que René Guénon tenía sobre este tema: «Habría mucho que decir a este respecto, particularmente del uso del Tarot donde se encuentran los residuos de una ciencia tradicional indiscutible, sea cual fuere su origen real, aunque poseedora de aspectos harto tenebrosos; no pretendemos hacer alusión con ello a las abundantes elucubraciones ocultistas a las que ha dado lugar y que en gran parte carecen de toda relevancia, sino a algo mucho más efectivo que hace su manejo mucho más peligroso para todo aquel que no esté suficientemente precavido contra las "fuerzas de abajo"». La presente nota fue publicada en 1996 en el n.º 11-12 de la revista *SYMBOLOS: Arte - Cultura - Gnosis,* dedicado a la «Tradición Hermética».

COURT DE GÉBELIN

En 1728 nacía en Nimes el personaje que nos va a proporcionar la clave para hallar el lugar donde se esconde el mensaje al que hacíamos alusión. Se trata de Nicolás Court de Gébelin. Ordenado sacerdote en 1754, Court de Gébelin ingresaría en la célebre Logia Masónica *Les Amis Réunis* (Los Amigos Reunidos)[1] de París fundada por un oscuro e influyente personaje, Charles Pierre Paul Savalette de Langes, relacionado con los Illuminati de Adam Weishaupt, y más tarde en *Les neuf Soeurs* (Las Nueve Hermanas),[2] logia a la que pertenecieron personalidades como Voltaire o Benjamin Franklin, a la sazón embajador de Estados Unidos en Francia. Court de Gébelin fue también miembro fundador de una fraternidad hermética secreta llamada «Los Filaleteos», relacionada con la Masonería y los Élus-Cohen, otra sociedad secreta sumamente misteriosa.

---

1. Logia constituida en 1773 bajo los auspicios de la Gran Logia de Francia. A esta logia perteneció un curioso personaje que bajo el pseudónimo de Dr. Duchanteau (que en realidad se llamaba Touzay) publicó un *Apocalipsis Hermético* en 1790. Duchanteau, alquimista operativo, desarrolló estudios sobre las virtudes curativas de la orina, que relacionaba con los trabajos alquímicos. Durante la Revolución francesa la mayoría de sus escritos fueron destruidos.
2. Aparte de estos personajes célebres y respetables, esta venerable logia contó con miembros mucho menos honorables como el corsario norteamericano John Paul Jones o el inventor de la guillotina, José Ignacio Guillotin.

En 1773, poco antes de la Revolución francesa, comenzaría la publicación de su monumental obra, el famoso *Monde primitif analysé et comparé avec le Monde Moderne.*[3] En el último volumen de este libro aparece una de las primeras referencias eruditas, si no la primera, a lo que para el común de los mortales no era más que un simple juego de cartas: el Tarot. En la página 365 de esta verdadera joya bibliográfica podemos leer:

1.
Sorpresa que causaría el descubrimiento de un libro egipcio

Si escucháramos anunciar que existe aún, en nuestros días, una Obra de los antiguos Egipcios, uno de sus Libros escapado a las llamas que devoraron sus soberbias Bibliotecas, y que contiene su doctrina más pura acerca de los temas que más nos interesan, cada uno de nosotros se apresuraría, sin duda, a conocer un Libro tan precioso, tan extraordinario. Si a esto se añadiera que dicho Libro está muy difundido por gran parte de Europa y que durante siglos ha estado al alcance de la mano de todo el mundo, la sorpresa iría creciendo. ¿Pero no llegaría a ser el colmo si se nos asegurara que jamás se había sospechado que este libro fuera Egipcio? ¿Que se le posee sin haberlo poseído nunca?[4] ¿Que nunca nadie ha intentado descifrar una sola página? ¿Que el fruto de una sabiduría exquisita es considerado como una colección de figuras extravagantes, que nada significan por sí mismas? ¿No pensaríamos que están jugando con nosotros, que se está abusando de la credulidad de los Auditores?

---

3. *Monde primitif analisé et comparé avec le Monde Moderne, considéré dans son génie allégorique et dans les allégories auxquelles conduisit ce génie; précédé du Plan général des diverses parties qui composeront ce monde primitif; avec des Figures en taille-douce, par M. Court de Gébelin,* París 1773.
4. El verbo *posséder*, "poseer" significa también en francés "dominar" y "comprender". Court de Gébelin juega aquí con este doble sentido.

2.
Este Libro Egipcio existe

Sin embargo es cierto: este Libro Egipcio, único resto de sus soberbias Bibliotecas, existe en nuestros días: es incluso tan corriente que jamás Estudioso alguno se ha dignado ocuparse de él; nadie, antes de nosotros, había sospechado su ilustre origen. Este libro está formado por LXXVII hojas o tablillas, incluso por LXXVIII, divididas en V grupos, cada uno de los cuales ofrece objetos tan variados como divertidos e instructivos. Este libro, en una palabra, es el JUEGO del TAROT…

¿Fue éste un descubrimiento personal de Court de Gébelin o nos está revelando algo que ya se sabía en las logias? Es difícil dilucidarlo, pero lo que sí es cierto es que antes que él muchos iniciados sabían que el Tarot no era un mero juego de cartas.

No es ningún secreto que las enseñanzas esotéricas de los antiguos egipcios serían transmitidas al pueblo judío a través de Moisés. Esto es algo que no ignoraban los primitivos cristianos como deducimos de un pasaje de los Actos de los Apóstoles (VII, 22):

«Y fue Moisés instruido en *toda* la sabiduría de los egipcios y era poderoso en palabras y obras».

Moisés, que los judíos todavía llaman respetuosamente «nuestro maestro», transmitió a su vez estas enseñanzas que se conocen por Cábala a Josué y a los 70 Ancianos. Los caballeros Templarios bien pudieron entrar en contacto con esta sabiduría en Jerusalén, aunque también pudieron aprenderla de los Sufís. Las enseñanzas de la Cábala, así como algunas de sus doctrinas y de sus métodos, reaparecerían en Europa a partir del Renacimiento en las obras de los llamados «Cabalistas Cristianos», discretos *maîtres à penser* de príncipes y artistas, como Leonardo da Vinci,[5] Sandro Botticelli, que nos ha dejado obras no exentas del perfume y el saber cabalístico.

D U   J E U
D E S   T A R O T S,

Où l'on traite de son origine, où on explique ses Allégories, & où l'on fait voir qu'il est la source de nos Cartes modernes à jouer, &c, &c.

1.

Surprise que causeroit la découverte d'un Livre Egyptien.

SI l'on entendoit annoncer qu'il existe encore de nos jours un Ouvrage des anciens Egyptiens, un de leurs Livres échappé aux flammes qui dévorèrent leurs superbes Bibliothèques, & qui contient leur doctrine la plus pure sur des objets intéressans, chacun seroit, sans doute, empressé de connoître un Livre aussi précieux, aussi extraordinaire. Si on ajoûtoit que ce Livre est très-répandu dans une grande partie de l'Europe, que depuis nombre de siècles il y est entre les mains de tout le monde, la surprise iroit certainement en croissant : ne seroit-elle pas à son comble, si l'on assuroit qu'on n'a jamais soupçonné qu'il fût Egyptien, qu'on le possède comme ne le possédant point, que personne n'a jamais cherché à en déchiffrer une feuille : que le fruit d'une sagesse exquise est regardé comme un amas de figures extravagantes qui ne signifient rien par elles-mêmes ? Ne croiroit-on pas qu'on veut s'amuser, se jouer de la crédulité de ses Auditeurs ?

2.

Ce Livre Egyptien existe.

Le fait est cependant très-vrai : ce Livre Egyptien, seul reste de leurs superbes Bibliothèques, existe de nos jours : il est même si commun, qu'aucun Savant n'a daigné s'en occuper ; personne avant nous n'ayant jamais soupçonné son illustre origine. Ce Livre est composé de LXXVII feuillets ou tableaux, même de LXXVIII, divisés en V classes, qui offrent chacune des objets aussi variés qu'amusans & instructifs : ce Livre est en un mot le JEU des TAROTS, jeu inconnu, il est vrai, à Paris, mais très-connu en Italie, en Allemagne, même en Provence, & aussi bisarre par les figures qu'offre chacune de ses cartes, que par leur multitude.

---

5. Leonardo da Vinci (1452-1519) fue Gran Maestre del Priorato. de Sión, según Brown. Para otros autores habría pertenecido también a la Fraternidad Rosacruz. Curiosamente, la figura que forman los aspectos de su carta astral (dibujada en un círculo como se hace actualmente, representa una flor de cinco pétalos casi perfectos, como ha descubierto el gran astrólogo valenciano Tito Macià. A o largo del *Código da Vinci* se hacen frecuentes alusiones a la flor de cinco pétalos. *Véase* a este propósito las ilustraciones de la pág. 35.

Como vimos, según la teoría de Court de Gébelin, el Tarot llegó a Europa procedente de Egipto. La idea más extendida es que lo trajeron los gitanos, tradicionales lectores de la buena ventura y depositarios de un importante acervo de saberes tradicionales. Lo cierto es que la palabra «gitano» procedería de «egipciano», habitante de Egipto.[6]

No se han estudiado, al menos hasta donde sabemos, las relaciones entre este colectivo y los Templarios[7] o el Tarot, aunque en un artículo de Emilio García Gómez,[8] de la Universidad de Valencia, a propósito de los gitanos podemos leer que:

> «Uno de estos mitos habla acerca de cómo los gitanos comenzaron a atravesar Europa portando las cartas del Tarot, presumiblemente obtenidas por los caballeros templarios de los sarracenos, que, a su vez, las recibieron de la India por medio de los árabes. Se cuenta también que los gitanos eran depositarios del simbolismo religioso de los antiguos egipcios. Tras la destrucción de Alejandría, los sacerdotes de Serapis se agruparon para preservar sus ritos. Sus descendientes, los gitanos, que hablaban una antiquísima lengua secreta, iniciaron su éxodo por el mundo trayendo consigo los libros más sagrados rescatados del incendio de la gran biblioteca, entre los cuales se hallaba el libro de Enoch,[9] Por tal motivo se les atribuye una especial competencia para la magia y las ciencias ocultas».

---

6. A propósito de los gitanos escribía don Sebastián de Covarrubias en su *Tesoro* de la *Lengua Castellana o Española* (Madrid 1611): «Quasi Egitano, de Egypto [...] aquella tierra adonde estuvo retirada la Virgen nuestra Señora con su preciosísimo Hijo por orden del Espíritu Santo».

7. A excepción de unas páginas que dedica al tema Joaquín Albaicín en su libro *En pos del Sol*, Ediciones Obelisco, Barcelona, 1997, págs. 267-276. Albaicín, profundo conocedor del esoterismo y de Guénon por una parte y de las tradiciones gitanas por otra, establece relaciones sumamente interesantes entre los Arcanos Mayores y diversos temas gitanos e hindúes.

8. Publicado en la revista *Sincronía*, Departamento de Letras Centro Universitario de Ciencias Sociales y Humanidades Universidad de Guadalajara, Jalisco (México).

9. Ver El *Libro de Henoch*, publicado en esta misma colección. 4.ª edición, Ediciones Obelisco, Barcelona, 2003.

EL TAROT
Y LOS TEMPLARIOS

Desde sus orígenes, ya sean egipcios, como sostiene Court de Gébelin, o hindúes, como defienden la mayoría de historiadores modernos, el Tarot ha sufrido muchos cambios y metamorfosis.[1] Si la tesis de Court de Gébelin es correcta y el Tarot ha servido de *soporte* para vehicular ciertos conocimientos de carácter oculto, es normal que se haya ido adaptando a ellos. Court de Gébelin parece haber conocido únicamente el Tarot de Marsella, y el que aparece en su libro es prácticamente igual que el marsellés. Sin embargo, en la época circularon un buen número de tarots algo distintos con peculiaridades a veces muy interesantes. Señalemos únicamente el llamado Tarot de París, el Tarot de Vieville y el Tarot de Besançon, que también utilizaremos en este libro. En este último Tarot El Papa y La Papisa están reemplazados, como se puede apreciar en la pág. 36, por Júpiter y por Juno.

---

1. Una corriente de investigadores sostiene que el verdadero inventor del Tarot tal como lo conocemos fue un benedictino, el abad Suger (1081-1151), protector de los Templarios y regente del reino de Francia durante la segunda Cruzada. Junto con san Bernardo, Suger fue una de las figuras políticas y religiosas más importantes de su época. Se le conoce como el padre del arte gótico. Haciendo un juego de palabras, podemos decir que, como Suger, el Tarot es un libro mudo que no explica nada, sino que *sugiere*.

La idea de que en las láminas del Tarot están contenidos los secretos de los Templarios no es nueva, como tampoco lo es que ciertas fechas, como el fatídico viernes 13 de octubre de 1307[2] en el que cayó la Orden, pueden interpretarse a la luz del Tarot o del Apocalipsis de san Juan.

René Guénon ya señaló que «cuando una forma tradicional está en trance de extinguirse, sus últimos representantes pueden confiar a la memoria colectiva todo aquello que, de otro modo, se perdería irremisiblemente».

Compuestos por 21 naipes numerados y uno sin numerar, en los llamados Arcanos Mayores se han visto diversas correspondencias con la Cábala judía. Los cuatro palos han sido asociados con las cuatro letras del Sagrado Tetragrama, y numerosos detalles disimulados en las cartas delatan una inspiración hebraica.[3] ¿Por qué se llaman «Arcanos»? Los historiadores parecen no haberse detenido en este detalle. Pero la respuesta es evidente: porque corresponden a Arcanos del Saber Oculto. «Arcano», del latín *arcanum*, significa "secreto" y procede de *arca*, "arca, caja, cofre". El Arcano no es propiamente el secreto, pero en cierto modo lo contiene.

El primer autor en divulgar que existía una relación entre el Tarot y la Cábala, el ocultista francés Eliphas Lévi, hizo encajar de un modo un tanto forzado a los 22 Arcanos Mayores con las 22 letras del alfabeto. Dicha correspondencia es absolutamente falsa, pero tan tentadora que la mayoría de autores modernos, sobre todo los ingle-

---

2. Se han hecho con esta fecha todo tipo de especulaciones. Hay quien ha visto una referencia al fatídico número 13 y al sagrado número 7, correspondientes en el Tarot de Marsella a La Muerte y a El Carro. Nos parece interesante, dado el tema que nos ocupa, la relación entre estos números y el capítulo XIII, versículo 7 del Apocalipsis de san Juan, que habla de la Bestia: «Fuele otorgado hacerle la guerra a los santos y vencerlos». Los santos serían los Templarios y la Bestia el contubernio formado por el papa Clemente V y el rey Felipe el Hermoso.

3. Ver a este respecto los magníficos artículos que dedicó Emmanuel d'Hooghvorst al Tarot en *La Puerta* (Magia), Ediciones Obelisco, Barcelona, 1993.

ses, la han conservado. Sin embargo, antes que Lévi, los iniciados ya sabían que había una relación entre estas figuras y la Cábala, una relación menos evidente y mucho más sutil de la que construyó artificial y exteriormente nuestro ocultista, pero a nadie se le había ocurrido profanar el secreto.

Otros autores han relacionado los 22 Arcanos Mayores con los 22 Grandes Maestres iniciados de la Orden del Temple. Así el primer Gran Maestre, Hugo de Payens correspondería al Mago o *Le Bateleur*; el segundo, Robert de Craon a la Sacerdotisa; el tercero, Evrard de Barres a La Emperatriz, etc. Estas correlaciones nos parecen un tanto forzadas y, en el fondo, de poco interés.[4]

Los llamados Arcanos Menores, que los tarotistas modernos suelen despreciar notoriamente, también ocultan un misterio numerológico: son exactamente 56,[5] un número que los alquimistas de habla francesa conocen bien y que en cifras latinas se escribe LVI. Entre otras cosas el número 56 alude a lo femenino pues es el doble de 28, los días del mes lunar.[6]

---

4. Ver a este respecto Frater Iacobus, *Rituales secretos de los Templarios*, 2.ª edición, Ediciones Obelisco, Barcelona, 1999.

5. A propósito de LVI y el Tarot citemos una curiosa frase que a principios del siglo XVIII encontró el padre Ménestrier en un libro de cuentas del año 1392 del rey Carlos VI: «*A Jacquemin Gringonneur, peintre, pour trois jeux de cartes à or et à diverses couleurs de plusieurs devises pour porter devers ledit roi pour son esbattement... LVI sols Parisis*». *Gringonneur, peintre, pour trois jeux de cartes à or et à diverses couleurs de plusieurs devises pour porter devers ledit roi pour son esbattement... LVI sols Parisis*». Gringonneur fue el autor de uno de los Tarots franceses más antiguos, el famoso Tarot de Carlos VI.

6. En la controversia de si el Tarot se compone de 77 o de 78 cartas, una curiosidad numerológica juega a favor del 78 y es que 21, o sea los Arcanos Mayores, es el número secreto o triangular del 6 ($1+2+3+4+5+6=21$). Por otra parte si sumamos los números que van del 7 al 12 ($7+8+9+10+11+12$) obtenemos 57. $57+21=78$; 78 es, por otra parte, el número secreto del 12; 78 es el valor numérico en hebreo de *Jalom*, «sueño», una alusión al famoso sueño de Jacob; 12 alude a Jacob, padre de las 12 tribus. También según podemos dedu-

17

Desearíamos comentar algunos de estos Arcanos relacionándolos con el tema que nos ocupa. No procederemos por orden numerológico, sino que intentaremos tirar del hilo a partir del Arcano más misterioso.

Los Templarios no fueron los creadores del Tarot, como sostienen algunos autores, pero es realmente sorprendente ver las correspondencias entre el significado de algunos Arcanos Mayores y las cuestiones relativas a la Orden. Así, entre los Arcanos Mayores hay uno que destaca por una particularidad que sólo se da en él. Es el Arcano n.º XIII conocido como La Muerte. Decimos «conocido» porque el hecho de que este Arcano carezca de nombre en el más tradicional de los Tarots, el marsellés, es ya una enseñanza: a la muerte, como a la bicha, ni mentarla.

---

cir de una lectura atenta de Lucas III, 23-38, las generaciones que separan a Adán de Jesús serían precisamente 78.

Empezando por el final

Hay una frase muy famosa que debemos a la sutileza de los cabalistas y que solían decírsela a los que podríamos llamar «filósofos profanos»: «Nosotros empezamos donde vosotros acabáis». Cada cual puede interpretarla como le parezca, pero nos atreveríamos a aventurar una explicación: los «filósofos profanos», o sea los filósofos «sin Torah», como por otra parte el resto de los mortales, acaban sus días en la muerte. Los sabios cabalistas empiezan su verdadera vida tras la muerte. Es éste un misterio cuya disquisición supera con creces los límites de este pequeño libro, pero que merecería ser estudiado, al menos por los aficionados a la Cábala y el Hermetismo: lo que para algunos es un final para otros se presenta como un principio.

El 13, valor ordinal de esta carta y número que aparece en ella, era para los cabalistas un número muy importante que representaba al Amor y a la Unidad.[1]

---

1. Para la Cábala judía el valor numérico de las palabras es muy importante. Así, el hecho de que *Ejad*, «Uno» y *Ahavah*, «Amor» tengan el mismo valor, 13, los hace en cierto modo sinónimos.

Desde la aparición de los primeros Tarots esta carta ha sufrido diversas variaciones, pero hay un objeto que siempre se le asocia: la guadaña.[2] Como podemos apreciar en la imagen de la Muerte del Tarocchini di Bologna (siglo XVII), en la pág. 1, a veces también se la asocia con el reloj de arena.

Podemos ver en la guadaña de la muerte que aparece en este Arcano una prefiguración de la famosa guillotina que acabaría con la vida de Luis XVI, descendiente de Felipe el Hermoso, cuya cabeza coronada podemos apreciar en la parte inferior derecha del naipe (*véase* pág. 19).

Esta carta representa en el Tarot de Marsella a un esqueleto color carne, armado de una gran guadaña de mango dorado y filo rojo, sobre un campo negro en el que aparecen dos cabezas, pies y huesos humanos (*véase* pág. 37). Vemos también unas cuantas matas de plantas azules, color que no aparece en ninguna de las plantas de ningún otro Arcano del Tarot.

La Muerte puede interpretarse también como la escisión del Andrógino, como podemos deducir de un Tarot del siglo XVI (*véase* pág. 24).

---

2. La hoz o la guadaña son símbolos tradicionales de Saturno, que la utilizó para castrar a su hermano Urano, el Cielo. Sin embargo, la cercanía fonética entre *Jermes* («guadaña» en hebreo) y Hermes, le confiere a este instrumento un sentido hermético. El término castellano «hoz» y el francés *faux* proceden del latín *falx*. A la misma raíz pertenece la palabra que quiere decir «halcón».

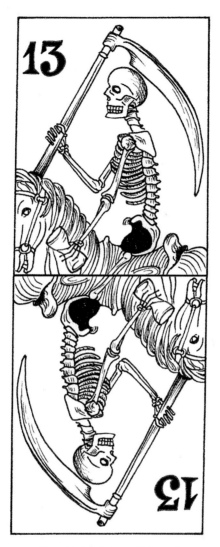

Tarocchini di Bologna (siglo XVII)

21

Si bien en el Tarot de Marsella este Arcano aparece sin nombre, en el de París queda bien explícito que se trata de La Muerte. La ilustración del Tarot de París (*véase* pág. 37), más primaria, nos presenta al esqueleto que en vez de sostener la guadaña parece aguantarse en ésta, recordándonos el grabado que reproducimos en esta misma página en el que la Muerte se sostiene en una saeta en medio de un campo sembrado de calaveras coronadas e incluso de obispos. Tampoco en este grabado faltan la guadaña ni la cruz templaria.

Este naipe no tiene una interpretación únicamente negativa, como podríamos deducir erróneamente de la literatura popular dedicada al Tarot. De hecho, para los alquimistas esta carta corresponde a uno de los procesos más importantes de la Gran Obra: la Putrefacción.

El número 13 debemos relacionarlo con dos días muy concretos: el 13 de enero de 1118 y el 13 de octubre de 1307.

Tarot de Court de Gébelin

El 13 de enero de 1118 es el día en el que se sitúa el comienzo histórico de la Orden del Temple, concretamente en la ciudad de Troyes donde tuvo lugar un importante concilio en el que participó san Bernardo, abad de Clairvaux. Con todo, 22 años antes (el número 22 también es muy importante tanto para los cabalistas como para los Templarios): nueve caballeros entre los que se hallaba Hugo de Payens, decidían ir a los Santos Lugares para proteger y ayudar a los peregrinos.

Se ha relacionado esta fecha con el versículo 18 del capítulo 11 del Apocalipsis de San Juan:

«Las naciones se habían enfurecido, pero llegó tu ira, y el tiempo de que sean juzgados los muertos, y de dar la recompensa a tus siervos los profetas, *a los santos y a los que temen tu nombre*».

Estos últimos (los santos y los que temen tu nombre) serían, como veremos más adelante, los Caballeros Templarios. La divisa que éstos adoptaron es muy explícita: «*nom nobis Domine, non nobis, sed nomini tuo da gloriam*» (No a nosotros, Señor, no a nosotros, sino *a tu nombre* da la gloria), palabras tomadas del Salmo CXIII,[3] o sea 113 (otra vez el 13) y no del CXV, como opinan algunos.

Tarol de Marsella   *La Muerte en un Tarot del siglo XVI*

El 13 de octubre de 1307, de ingrata memoria, fue el día en que los Templarios fueron detenidos en toda Francia. Con sumo cuidado el rey y Guillermo de Nogaret habían preparado una gran acción para el arresto de todos los Templarios que habitaban en Francia. Remitieron cartas a todos los alcaldes, senescales y caballeros en las que se les informaba que el 12 de octubre tenían que abrir una segunda carta sellada en la que recibirían instrucciones precisas sobre una importante acción que tenían que realizar al día siguiente al alba. El 13 de octubre unos 4000 Templarios fueron arrestados a la vez.

Siete años más tarde, el 18 de marzo de 1314, sería ejecutado Jacques de Molay, el gran Maestre de la orden del Temple. Antes de morir, de Molay emplazó ante el Tribunal de Dios al papa Clemente V, al rey Felipe el Hermoso y a su canciller, Guillermo de Nogaret. Las palabras que pronunció fueron proféticas, pues los tres personajes morirían antes de un año.

---

3. En la traducción de san Jerónimo; en las traducciones modernas se le asigna el CXV.

EL CABALLERO, LA MUERTE Y EL DIABLO,

UN CURIOSO HOMENAJE

Tras la desaparición de la Orden del Temple, 200 años después, en 1513 Alberto Durero[1] produciría una obra maestra, el grabado conocido como *El Caballero, la Muerte y el Diablo*, que de algún modo agrupa tres importantes naipes del Tarot:

EL CABALLERO

LA MUERTE, Arcano n.º XIII

y EL DIABLO, Arcano n.º XV.

Si el Caballero encarna a los Caballeros Templarios y más concretamente a su Gran Maestre, la Muerte corresponde al rey Felipe el Hermoso (notemos que en el grabado de Durero luce una corona real). El Diablo se referiría al papa Clemente V.

---

1. En la revista *SYMBOLOS* (edición digital) apareció un interesante artículo de Ananda K. Coomaraswamy en el que relacionaba los *Knoten* de Durero con las 'Concatenaciones' de Leonardo da Vinci que, al parecer, jugó con las palabra *Vincire* ('encadenar, anudar') y su propio apellido Vinci (de *vinco*: 'sauce'). ¿Una alusión a la cadena de Grandes Maestres del Priorato?

La fecha 1513 que aparece justamente en la parte inferior a la izquierda del grabado contiene, sin embargo, una rareza que no ha pasado desapercibida a los historiadores del arte: va precedida por una letra S mayúscula. En su *Vida y Arte de Alberto Durero*, Panofsky escribe que esta S es la inicial de *Salus*, saludo que Durero ya utilizó en otras ocasiones.[2]

Sin embargo, podemos aventurar otra interpretación. El 15 de 1500 nos indica al Diablo, Arcano n.º XV del Tarot. El 13 se refiere a la Muerte, Arcano n.º 13. La S es una alusión al caballero. La letra hebrea *Samej*, correspondiente a nuestra S, que tiene forma de escudo(s), procede de una raíz que significa «apoyar, proteger, defender». Éstas eran precisamente las funciones del Caballero Templario ya que la Orden se fundó para proteger y ayudar a los peregrinos que iban a los Santos Lugares.

Las siglas AD con las que Alberto Durero firmaba sus obras pueden interpretarse en este contexto como un mensaje cifrado que, de nuevo, nos dirige al misterio templario. Si la letra A corresponde al número 1, la B al dos, en el más sencillo de los sistemas criptográficos, la D corresponde al 4. AD puede leerse como 14.[3]

En el naipe del Tarot denominado Le Chariot también aparece esta S junto con una M en el centro de El Carro.

La letra M tiene una correspondencia muy concreta que merecería que se le dedicara un libro entero: de algún modo representa a la diosa Isis.[4] Esta letra la podemos ver prácticamente durante todo el año escrita en el cielo, concretamente en la constelación de Casiopea.

---

2. Erwin Panofsky, *The Life and Art of Albrecht Durer*, Princeton University Press, 1995.

3. El 14 nos dirige al Arcano n.º XIV, La Templanza. La raíz etimológica de Templanza es la misma que la de Temple.

4. Ver a este respecto el no desprovisto de interés capítulo 58 de El *Código da Vinci*.

Leyendo la fecha que aparece en el grabado de Durero como si estuviéramos leyendo en hebreo (o sea de derecha a izquierda) o como si nos halláramos ante uno de los escritos de Leonardo da Vinci (que escribía al revés), podemos ver en S1513 a 3151S, o lo que es lo mismo 3 ISIS, alusión a la Diosa por excelencia.

Después de La Muerte

El Arcano que encontramos después del Arcano sin nombre, el número XIII o La Muerte es, como ya hemos visto el n.º XIIII, denominado *Temperance* o sea La Templanza, clara alusión a esta virtud cardinal, pero también velada alusión a la Orden del Temple.

En el Tarot de París (*véase* pág. 35) este naipe recibe el nombre de *Atrempance*. Se trata, observémoslo, de un anagrama de *Temperance*. En esta versión tan peculiar el ángel que aparece en él parece estar apagando un incendio. En el Tarot de Marsella, sin embargo, vemos en este naipe a una mujer alada, o sea un ángel en el cual se está recalcando su feminidad. Su vestido es azul y rojo, su cabello azul, y sus alas color carne.

Está vertiendo agua de una jarra azul a otra roja: ése es el sentido de «templar». El azul representa a la Gracia o Misericordia, mientras que el rojo es el color del Rigor o la Ira, correspondientes a las *sefiroth Hessed* y *Gueburah,* respectivamente. Podemos relacionar estas *sefiroth* con las dos columnas del Templo tradicional.

La jarra de color azul se encuentra por encima de la roja, quizá para indicarnos que la Gracia o la Misericordia ha de superar al Rigor o la Ira.

Ya vimos que este personaje es un ángel, y no sólo por sus alas, sino también porque carece de pies. Henry Corbin, el gran especialista en sufismo iraní, explica en sus libros que «la iniciación dispensada por el Ángel consiste en enseñar al iniciado cómo se sale de la cripta oscura de este mundo para acceder al Templo ya que el Templo es el Lugar, el órgano de la contemplación».

Sobre su cabeza destaca un detalle esencial: una rosa de cinco pétalos (*véase* pág. 15). El estudio de este importante símbolo sería merecedor de todo un libro.[1]

La rosa de cinco pétalos es, entre otras cosas, símbolo del Secreto. Por esta razón antiguamente se la colocaba sobre los confesionarios. Era una alusión al secreto de confesión.[2]

---

1. Podemos apreciar esta rosa en la IV plancha del famoso *Anfiteatro de la Sabiduría Eterna* del rosa+cruz Enrique Kunrath. En ella aparecen las cinco letras IHS-VH, que se pronunciarían *Ieshuah*, y corresponderían al nombre sagrado tetragrámaton con la S en medio. Esta letra, que corresponde a la *Shin* hebrea (v), la letra del fuego haría referencia a las palabras de Jesús en Lucas XII, 49. Como escribe en El *Código da Vinci* Dan Brown, se trata de un símbolo Rosa+Cruz. Curiosamente, una santa cuya onomástica se celebra el 17 de enero es santa Rosalina de Villeneuve. Veremos, al hablar de la Estrella, la importancia del número 17. Observemos la relación etimológica entre Rosalina y Rosa.

2. Como muy bien señala Raimon Arola a propósito de un ritual de la masonería egipcia del conde de Cagliostro, «En un ritual de Masonería los iniciados son coronados con una corona de rosas en nombre y gloria del Eterno, las rosas son el emblema de la primera materia, la matriz que engendra virginalmente, y el hecho de que las rosas tengan espinas es el recuerdo perfecto –explica el ritual– de que la primera materia no se puede obtener sin penas y trabajos, depende de ti conservar esta corona y mantenerla en tu reino». (Ver *La Puerta,* n.º 21, invierno 1985).

Relacionada con la Virgen María, la rosa aparece en una de sus letanías: *Rosa mística*. Incluso el Rosario tiene que ver con el símbolo de la rosa, pues se puede considerar a este rezo como un ramo de rosas.[3]

Nos podemos preguntar qué hace un símbolo como éste después de la terrible carta anterior, el Arcano n.º XIII, y la respuesta nos la da un proverbio hermético: «No hay rosa sin espinas».

---

3. No olvidemos que las rosas llegaron a Europa procedentes de Damasco traídas precisamente por los Templarios.

La rosa de cinco pétalos es también un tema recurrente en la Cábala. Así, en la introducción del *Zohar* se nos explica que el hecho de que hayan cinco palabras entre la segunda vez y la tercera que se menciona el nombre *Elohim* en el libro del Génesis, tiene que ver con la Rosa y con los cinco dedos con los que se levanta la Copa de Bendición. Todo ello tiene relación con uno de los grandes misterios de la Cábala, la llamada «luz reservada», *Or Ganuz* (אור גנוז). Se trata de la luz creada el primer día que le permitía a Adán contemplar el mundo de un extremo al otro y que, según el *Midrash Rabbah* (*Bereshit*-XI), está reservada a los justos para el mundo porvenir. Esta luz, según el *Zohar* «penetra a la Rosa para inseminarla».

Tarot de Court de Gébelin

El 5 es el número correspondiente a la letra *He* (ה), llamada también la letra de la Bendición. Algunos comentarios cabalísticos acerca de la forma de esta letra coinciden sorprendentemente con la idea que apuntábamos de Henri Corbin acerca de la Iniciación como salida de la prisión de este mundo. Esta letra tiene dos aperturas o «puertas», una hacia arriba, estrecha y de difícil acceso, y otra hacia abajo, ancha y seductora. La puerta estrecha es la que lleva al cielo, mientras que la ancha conduce al infierno. Se trata de una elección que se realiza *post-mortem*.

En la versión del Tarot de París, esta Rosa parece faltar (*véase* pág. 35), pero si nos fijamos en la nube que aparece en la parte superior derecha del naipe vemos perfectamente una rosa silvestre que puede confundirse fácilmente con una nube.

Tarot de J. Jerger

ATREMPANCE	FLOR	TEMPERANCE
Tarot de París	*Tarot Vandenborre*	*Tarot de Marsella*

En la cabeza de estas tres ilustraciones podemos apreciar
la Rosa de 5 pétalos o 5 antorchas, alusión al Pentáculo.

En los llamados «Tarots revolucionarios»
el papa y la papisa son sustituidos por Júpiter y Juno,
como en este Tarot de Besançon.

BACO
Tarot Vandenborre

JUNO
Tarot del siglo XVIII

LA PAPESSE	LA PAPESSE	LA PAPESSE
Tarot de París	*Tarot suizo*	*Tarot de Marsella*

LA MORT	LA MUERTE	LA MUERTE
Tarot de París	*Tarot de Vieville*	*Tarot de Marsella*

NAIPE DE I. TAROCCHINI
(siglo XVII)

LA FOULDRE
Tarot de Vieville

LA FOULDRE
Tarot de París

LA MAISON DIEU
Tarot de Marsella

L'ESTOILE

Tarot de París

LE TOILE

Tarot de Vandenborre

L'ETOILE

Tarot de Marsella

ISIS

(según Athanasius Kircher)

LA ESTRELLA

Tarot Visconti-Sforza

39

LANPEREUT	LE GRAND PÈRE	L'EMPEREUR
Tarot de París	*Tarot Revolucionario de 1791*	*Tarot de Marsella*

LA LUNE	LA LUNE	LA MAISON DIEU
Tarot de Vieville	*Tarot de París*	*Tarot de Marsella*

L'Ermite
Tarot Vandenborre

L'Ermite
Tarot de Vieville

L'Ermite
Tarot de París

L'Hermite
Tarot de Marsella

LE BATELEUX
Tarot Vandenborre

LE BATELEUR
Tarot de Vieville

LE BATELEUR
Tarot de París

LE BATELEUR
Tarot de Marsella

Bafomet
o los misterios de la Sabiduría

Sin duda uno de los motivos que más se ha asociado con los Templarios es el famoso *Bafomet* al que acusaron de adorar.

Poco se sabe de él, aunque algunos autores lo han relacionado con *Mahomet* («Mahoma» en francés) y otros lo hacen proceder del Cernunnos céltico.

De todas las cuestiones relacionadas con el proceso que se siguió contra los Templarios es quizá la que más ríos de tinta ha hecho correr y más hipótesis, algunas de ellas delirantes, ha suscitado.

Recordemos que una de las acusaciones más graves que se esgrimieron contra los caballeros del Temple fue precisamente el hecho de que supuestamente adoraban a un dios pagano llamado *Bafomet*.

Para algunos historiadores se trataría de una imagen «mahometana», cosa difícil de creer ya que en el islam están prohibidas las representaciones de Dios.

Imagen bafomética

Para Guénon «podría muy bien ser que (*Baphomet*) proviniera de su equivalente hebreo, es decir del "Behemot" bíblico, y tal vez no debería buscarse en otro lugar la solución de tal enigma»

El proverbio popular que dice que «más sabe el Diablo por viejo que por sabio», de alguna manera, relaciona a este personaje con la Sabiduría, pero para entender en profundidad esta relación hemos de aplicar un antiguo sistema criptográfico cabalístico a la palabra Bafomet.

Imagen bafomética

Hay también quien ha querido ver en el *Bafomet* una referencia a *Tem. Oph. Ab, Templum Ophis Abscondita*, «el Templo de la serpiente escondida», pero sin duda es una imaginación ocultista más. Probablemente la clave de lo que sería el *Bafomet* nos la proporciona la Cábala hebrea. Si escribimos esta palabra en hebreo, y la leemos de izquierda a derecha, como si estuviera en español, vemos que la componen las siguientes letras:

Bet (ב) Pe (פ) Vav (ו) Mem (מ) Taf (ת) Si aplicamos un criptosistema cabalístico denominado *Atbash* (de *Alef = Tav, Beth = Shin*, etc.), obtenemos:

Shin (ש) Vav (ו) Pe (פ) Iod (י) Alef (א)

Que leído también de izquierda a derecha se pronuncia *Sophia*. Así, el famoso *Bafomet* no sería sino un símbolo de la Sabiduría.[1]

Existen varias representaciones del *Bafomet*, a veces lo encontramos con barba y cuernos de macho cabrío, a veces tiene rostro de mujer.

Para el ocultista Eliphas Lévi, «el Bafomet no es un dios: es el signo de la Iniciación; es también la figura jeroglífica del gran Tetragrama divino».[2]

Se ha hecho corresponder al *Bafomet* con el Arcano n.º XV, conocido como El Diablo.

En la representación del Tarot de Marsella de este naipe podemos ver a un cornudo personaje medio desnudo con alas parecidas a las de un murciélago y de color azul. Sus manos y sus pies tienen forma de garras y son de color carne sombreado. Con la mano

Bafomet de Eliphas Lévi

izquierda está asiendo una espada que no tiene mango. Está encima de un yunque rojo en el que están atados al cuello con una gruesa cuerda dos personajes cornudos. El de la izquierda, un macho, parece estar muy triste y el de la derecha es una hembra alegre, pues está sonriendo. El fondo del suelo de esta carta es de color negro, como ocurría en el Arcano n.º XIII, la Muerte, lo cual de alguna manera los relaciona.

---

1. Escribíamos estas líneas en el año 2003 en un libro dedicado a los *Símbolos fundamentales del Camino de Santiago.*, Ediciones Obelisco. Fue tan sorprendente como reconfortante encontrar esta misma teoría en el libro de Dan Brown.

2. En modo alguno el Bafomet podría ser una representación jeroglífica del Tetragrama, a pesar de lo que escriba Eliphas Lévi, sino más bien todo lo contrario.

XV.

Tarot de Court de Gébelin

Si bien podemos ver aquí a Adán y Eva hechos prisioneros por el diablo y atados por el pecado al yunque (el yunque es un símbolo del herrero o sea del «soplador», el falso alquimista que trabaja de un modo violento en el exterior, pero no realiza la Gran Obra interior), también podríamos aventurar la interpretación contraria y ver una unión de los dos principios, el masculino y el femenino. Recordemos un antiguo dicho judío que afirma que «La Torah es como un yunque, que cuando es golpeado con un martillo, saltan de él miles de chispas».

En algunos tarots, como el de Court de Gébelin, la espada de El Diablo también tiene garras (*véase* pág. 47) y en otros en vez de on una espada nos encontramos con una vela, sin duda una alusión a Lucifer (El portador de luz).

En la famosa iglesia de Rennes-le-Château hay una representación del diablo en la que los expertos han visto rasgos árabes. No es un Bafomet, pues más bien recuerda a Asmodeo, pero no deja de estar relacionado con él. Es curioso que el día del santo patrón de esta iglesia sea el 17 de enero, porque es precisamente durante la noche de este día cuando aparece en el cielo la constelación del Dragón, uno de los animales asociados con el diablo. Recordemos, por otra parte, que este demonio estuvo relacionado con la construcción del Templo de Salomón precisamente en el mismo lugar en el que Jacob tuvo su famoso sueño.

Un lugar terrible

Si hay que relacionar un Arcano con la caída de la Orden del Temple, ese es el Arcano XVI, llamado *La Maison-Dieu*, la Casa (de) Dios. La Torre, como se le conoce normalmente, fue uno de los símbolos de los Templarios, pero en este caso esta Torre es destruida por un rayo.

En un grabado del siglo xv que representa el Santo Sepulcro podemos apreciar varios elementos relacionados con el simbolismo de *La Maison-Dieu*.

Las «Maison-Dieu» son monasterios-hospitales. Cabe destacar el fundado en Montmorillon a finales del siglo xi por Robert a su regreso de Jerusalén. Este establecimiento de caridad estaba destinado a acoger a los peregrinos y más tarde a los enfermos. A finales del siglo xii, sin duda por influencia templaria, se le

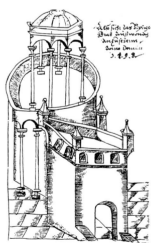

El Santo Sepulcro, grabado del siglo xv

49

La Torre (Tarot del siglo XVI)

anexó una torre octogonal,[1] la capilla del cementerio.

Esta carta (*véase* pág. 38) representa una torre cuyo tejado acaba de abrirse sacudido violentamente por un rayo. Dos personajes vestidos de rojo y azul, de cabellos azulados, caminan sobre los pies.

La traducción literal en hebreo de *Maison-Dieu* es *Betel*. *Betel* era el lugar en el que Jacob tuvo su famoso sueño en el que pronunció unas palabras que han suscitado ríos de tinta: «Qué terrible es este lugar».

Betel está relacionado con el *Betilo*,[2] piedra que en las culturas semíticas se asociaba con el rayo. Antiguamente los aerolitos eran llamados «betilos».

El Arcano n.º XVI del Tarot de Vieville (1643-1664) (*véase* pág. 36), anterior al Tarot de Marsella, no recibe la denominación de *La Maison-Dieu*, sino la de *La Fouldre* (El Rayo). En este caso no es una torre la que se ve atacada por el rayo, sino un árbol, pero el simbolismo es el mismo.

---

1. Señalemos que para los sufís y concretamente para Ibn Arabi el octógono está considerado como el Trono Divino.
2. A propósito del Betilo, ver «El Omphalos y los Betilos» en *El Rey del Mundo* de René Guénon, Ediciones Obelisco, Barcelona, 2022.

Tarot de Court de Gébelin

Tanto este naipe como el siguiente, La Estrella, nos están hablando de una experiencia concreta, y sin duda ésta es el gran secreto de los Templarios: la experiencia que Jacob tuvo tras la lucha contra el ángel.

Tanto el *Zohar* como los grandes cabalistas comentan que Jacob luchó, en realidad, contra un ángel que encarnaba a las fuerzas del Mal. Por eso en el Tarot antes del Arcano XVI tenía que estar el XV, denominado *Le Diable*, o sea El Diablo. Tras vencerle obtuvo de él algo muy importante: un nuevo nombre. Dejó de llamarse Jacob para llamarse Israel, palabra que podemos interpretar como *Ish roe El*, el hombre que vio a Dios.[3]

Jacob se dio cuenta de que el ángel con el que había luchado encarnaba a las fuerzas del Mal por un detalle: éste le dijo «Déjame ya que me vaya, que sale la aurora». De esto Jacob dedujo que el ángel

---

3. Lo mismo se deduce del texto de *Génesis* XXXII, 31: «Jacob llamó a aquel lugar *Panuel*, pues dijo. "he visto a Dios cara a cara y ha quedado a salvo mi vida"».

«temía a la luz del día». Pero Jacob insistió que no lo dejaría irse si no lo bendecía (*Bereshit Rabah* 78,3). Uno de los términos que en hebreo significan 'aurora', *Barekah*, nos lleva a *Berajah*, 'bendición'.

Con todo, la interpretación cartomántica más habitual de este Arcano lo relaciona con una catástrofe o una pérdida, y realmente la caída de la Orden del Temple fue ambas cosas.

Tarot de Marsella

Isis o La Estrella

La Estrella es uno de los Arcanos más bellos y llenos de simbolismo, particularmente elocuente en el tema que nos ocupa.

Lo más sobresaliente de este Arcano es la gran estrella que parece presidirlo. Si nos fijamos bien, en la versión del Tarot de Marsella (*véase* pág. 39) podemos apreciar nada menos que la Cruz Templaria, en rojo, tapada por la Cruz de Malta, la heredera de la Orden de Hospitalarios de San Juan. En el Tarot de París este naipe es totalmente distinto. Vemos en él a un astrólogo armado de un compás enfrascado en difíciles cálculos astronómicos que está observando una estrella de ocho puntas. Es harto extraño su sombrero, que recuerda a una pirámide. Si Court de Gébelin hubiera conocido este naipe seguramente habría visto aquí un vestigio de los egipcios.

Se ha dicho que la mujer que aparece desnuda aquí era María Magdalena, pero en la mayoría de las representaciones de la Magdalena sus cabellos son rojizos, mientras que en este naipe son azules.

También se la ha relacionado con la prostituta de la que habla el libro XVII del Apocalipsis de San Juan y que para sus exegetas sería

Babilonia.[1] A favor de este argumento podemos decir que el pueblo babilonio era un pueblo de adoradores de estrellas.

Con todo, lo más probable sea que la iconografía de este naipe tenga su origen en la diosa egipcia Isis, la del «manto de estrellas», que es como aparece en el Tarot de los Visconti o en el grabado de Athanasius Kircher que reproducimos en la página 39.

Para otros se trataría de María bajo su denominación de *Stella Maris*. Curiosamente, los Templarios acudían a ella por medio de la oración cuando se encontraban en peligro diciendo:

Marie, étoile des mers, conduis-nous au port du salut!

(María, Estrella de los Mares, llévanos al puerto de la salvación).

Esta carta nos ofrece una curiosidad que no ha pasado desapercibida a los astrólogos. Una de sus jarras correspondería al signo de Cáncer, el primer signo de Agua, y la otra a Escorpio, el segundo, que las recogería de Cáncer. Entre el primer día de Cáncer y el primero de Escorpio transcurren exactamente 153 días. El número secreto o triangular del 17 (o sea 1 + 2 + 3 + 4 + 5 + 6 + 7 + 8 + 9 + 10 + 11 + 12 + 13 + 14 + 15 + 16 + 17) es precisamente 153.

---

1. Según podemos deducir de Apocalipsis XVII, 18: «La mujer que has visto es aquella ciudad grande que tiene la soberanía sobre todos los reyes de la Tierra».

STELLA MATUTINA.

Stella splendida et matutina. Ap. 22.

Lucchesini Sc.

Tarot de Court de Gébelin

Una de las curiosidades de esta carta del Tarot de Marsella la podemos ver en la rodilla del personaje (*véase* pág. 57). ¿Por qué la rodilla que está hincada en el suelo es distinta de la otra? El bulto o quizá el vendaje que vemos en esta rodilla no hace sino obligarnos a fijarnos en ella. En hebreo la palabra «rodilla» se dice *Berej*, y es la raíz de la palabra *Berajah*, 'Bendición'.[2] Esta última palabra, relacionada constantemente en la Cábala con la Copa y el número 5, debemos asociarla al Grial. Si nos fijamos en los santos que decoran la iglesia de Rennes-le-Château, santa Germaine, san Roque, san Antonio Abad, san Antonio de Padua y san Lucas y escribimos las iniciales

---

2. Observemos la cercanía fonética entre «Baraja» y «Berajah». Ya tocamos este tema en nuestro libro *El Tarot Esotérico* y volveremos a referirnos a él al final de este estudio.

de sus nombre obtenemos G.R.A.A.L., que es como en francés se llama al Grial. La onomástica de estos santos es precisamente el 17 de enero, excepto la de Lucas que se celebra el 18 de octubre. En este idioma la rodilla se dice *genou*. No deja de ser curioso que la iglesia de Rennes-le-Château, en la que el padre Berenger Saunière hizo colocar una pila de agua bendita encima de un diablo que recuerda al arcano n.º XV del Tarot, esté dedicada también a san Genulfo o saint Genou, cuya festividad se celebra, precisamente, el día 17 del mes de enero. El otro santo cuyo día es el 17 de enero es san Antonio, que nació en Egipto en el año 251. Como nos cuenta la *Leyenda Dorada* de Jacobo de la Voragine, este santo vivió 105 años. Se comenta que luchó a diario durante 20 años con el diablo, pero lo venció gracias al signo de la Cruz. De ahí la divisa que comparte con Constantino: In hoc signo vinces.[3] La etimología griega de *genou*

es cercana a la de *gone*. Lo cual nos envía la fuerza generadora y, por ende, regeneradora. Algunos autores hacen de él el patrón de los iniciados, pues en ciertas sociedades secretas el neófito que va a iniciarse lleva descubierta una rodilla. Por otra parte, el famoso criptógrafo Grasset d'Orcet hacía un juego de palabras entre Yo-Nos (*Je-Nous*), que se pronuncia igual que *genou*. En *Je-Nous* el Yo se identifica con el *Nous*, la parte divina del hombre según la tradición hermética.

Tarot de Marsella

---

3. En la iglesia de Rennes-le-Château, en la pila del agua bendita sostenida por el diablo cuyo cuerpo se doblega bajo el peso de la cruz, formada por cuatro ángeles, nos encontramos también con la inscripción In hoc signo vinces.

Saint-Genou es también un pequeño pueblo cercano a Buzançais, en el departamento de l'Indre (Francia), famoso por un misterioso edificio llamado *La Lanterne des Morts*, «la linterna de los muertos». Este pueblo es conocido por su museo de la porcelana.

Nacido en Roma hacia el año 230 Gengulphus (el futuro san Genulfo) evangelizó varios pueblos franceses. Rabelais cita a Saint-Genou en los capítulos VI y XLV de su *Gargantúa*.

No es posible hablar de los misterios de Isis sin mencionar un libro: *El asno de oro*, de Apuleyo. Un detalle sumamente importante de este libro es que el protagonista, caído en un estado bestial por culpa de un pecadillo de juventud relacionado con la Magia, sólo tiene una posibilidad de regenerarse y volver a su estado humano: comiendo cierto alimento que le ha de dar la diosa Isis. Este alimento es la Rosa. Curiosamente la rosa en árabe se llama *Gul*, y de ahí viene el término *gules* que en Heráldica indica el color rojo.

La Rosa simboliza, pues, la medicina hermética, aquella capaz de regenerar al hombre caído.

Perro ladrador...

Uno de los Arcanos más polémicos del Tarot de Marsella es el XVIII, denominado La Luna. Si bien su interpretación cartomántica es bastante negativa y lo relaciona con las mentiras, las calumnias, las decepciones, la envidia o la depresión, la Luna contiene un simbolismo tan rico que no podemos quedarnos ahí.

Vemos en esta lámina (pág. 40) a dos perros que ladran a la Luna hacia la que parecen dirigirse 19 gotas o lágrimas, rojas, azules y amarillas. Esta Luna se encuentra en cuarto creciente y parece estar dividida en tres planos. Del círculo lunar, en el que podemos apreciar el perfil de la Luna, parten siete rayos azules, siete blancos y siete rojos. En la parte inferior de la lámina podemos distinguir un crustáceo en una especie de piscina. En el fondo del naipe aparecen dos torres doradas como el suelo.

El detalle de la piscina es harto simbólico: en hebreo «piscina» se dice *Brejah*, perteneciendo esta palabra a la misma familia etimológica que *Berej*, 'rodilla' y, como vimos al hablar de la Estrella, *Berajah*, 'Bendición'.

El crustáceo que está dentro de la piscina podría ser un escorpión o, como se ha dicho, una cangrejo, pues la Luna es según la astrología tradicional el planeta regente del signo de Cáncer.

En algunos Tarots esta carta recibía también el nombre de «El Crepúsculo».

Las torres doradas pueden relacionarse con los numerosos edificios que poseían los Templarios, y los dos perros con el rey Felipe el Hermoso y el papa Clemente V.

En el *Dictionnaire de l'Académie Française* de la edición de 1798 leemos que:

«Se dice proverbialmente y de un modo figurado de un hombre que maldice a otro, que está mejor situado que él y cuyas injurias no podrán alcanzarlo, que es como un perro que ladra a la Luna».

Tarot de Court de Gébelin

De alguna manera ladrar es, como maldecir, decir mal, hablar mal, no disponer de la Palabra. Una frase del Quijote, «ladran, luego cabalgamos», viene a decirnos lo mismo si la leemos cabalísticamente: «los profanos ladran, pero los Sabios hacemos cábala».

Felipe el Hermoso y Clemente V ladraron, pero los Templarios siguieron cabalgando.

Tarot de Marsella

Los vestigios
de la Papisa Juana

En la Edad Media nació el mito de la Papisa Juana, mujer que fue elevada al trono de Pedro y dio a luz camino de su coronación.

Si la Iglesia de Pedro representa a Roma y el esoterismo, como muy bien ha señalado René Guénon, y corresponde al aspecto masculino de la divinidad, la Iglesia de Juan representa la Iglesia Interior (*véase* pág. 37) y el esoterismo, correspondiendo al aspecto femenino de la divinidad, lo que los hebreos llaman *Shekinah*.

Diversos autores opinan que el libro que lleva encima de sus rodillas es el libro del Apocalipsis.[1] Para otros se

Tarot de Marsella

---

1. Se ha llegado a insinuar que «el discípulo amado (Juan) era en realidad María Magdalena. Ver a este respecto el *Evangelio de María Magdalena* publicado en esta misma colección.

trataría del famoso *Liber Mundi* de los Rosa-Cruces. Este libro aparece en un antiguo grabado en el que vemos a Hermes Trismegisto enseñándolo a sus discípulos. No parece que esté leyendo el Libro, más bien lo está mostrando y en sus manos adivinamos extraños ademanes. De alguna manera, la Papisa nos está diciendo algo, mientras que en otra carta que debemos relacionar con ella, el Arcano n.º V o El Papa, se nos están ocultando oscuros secretos.

Hermes Trismegisto con el Liber Mundi   *Tarot de Court de Gébelin*

Un emperador
sin imperio

Es posible que el Arcano n.º IIII encubra una burla hacia Felipe el Hermoso. ¿Creyó alguna vez este monarca que, tras acabar con los Templarios, el papa lo erigiría en Emperador? O quizá se trate únicamente de una carta en la que el motivo iconográfico proceda de Alemania.

En este naipe vemos a un hombre sentado en un trono color carne vestido de azul con una capa roja: lo carnal (rojo) está para él por encima de lo espiritual (azul).

Sus cabellos y su barba son blancos, así como sus pies. Los demás elementos que aparecen en esta carta guardan una estrecha correspondencia con los del Arcano n.º III, la Emperatriz: un escudo con un águila y un cetro con una cruz.

El Emperador parece estar concentrado en el globo que aparece en su cetro, casi hipnotizado por él.

Su sed de poder lo ha poseído y por eso se ha confabulado con el Arcano siguiente, el n.º V (El Papa), para despojar a los Templarios de sus bienes.

En algunos de los llamados Tarots Revolucionarios, en vez de un Emperador aparece un Abuelo (*Gran Père*) tocado con el birrete revolucionario y con una ingenua flor en la mano en lugar del cetro (ver pág 40). A pesar de la belleza del naipe es indiscutible que se ha perdido cualquier sentido simbólico y esotérico.

Baco o el Papa

El Papa, Arcano n.º V, corresponde al papa Clemente V. Es un papa algo extraño ya que, tanto en el Tarot de Marsella como en el de Court de Gébelin, está dándole la espalda a las dos columnas (esto es, lo sagrado) y dirigiéndose hacia unos personajes (o sea lo humano). En la ilustración puede verse a un hombre anciano con barba y bigote, vestido de azul con una capa roja. Como sucedía con el Emperador, lo carnal (rojo) está para él por encima de lo espiritual (azul).

Tarot de Marsella

Tarot de Court de Gébelin

Coronado por la mitra papal, en el Tarot de Marsella el Papa aparece sosteniendo con su mano izquierda una triple cruz de oro. Observemos que en esta mano lleva un guante en el que podemos adivinar nada menos que la cruz templaria (*véase* pág. 67). El guante significa disimulo y el hecho de que esté puesto en la mano izquierda (en latín *sinistra*) nos muestra lo siniestro de sus intenciones.

El papa es el sumo pontífice (literalmente «hacedor de puentes») cuya misión simbólica es nada menos que unir el cielo y la tierra. Lo que se conoce como Bendición consiste precisamente en hacer descender el cielo sobre la tierra (lo cual queda reflejado en ese símbolo universal que es la cruz con el eje vertical correspondiente al cielo unido al horizontal correspondiente a la Tierra). La letra de la Bendición que es, como vimos la *He* (ה) tiene un valor numérico 5, como esta carta.

En algunos Tarots más antiguos como por ejemplo en el Tarot belga llamado Vandenborre (1775) en vez de «El Papa», el Arcano n.º V corresponde a Baco (*véase* pág. 36). El personaje está bebiendo de un recipiente de mimbre dorado con tanta fruición que parece que está comiendo. El n.º V, en francés *cinq*, Baco, y *bouffe* 'come' *or* 'oro' aludirán a Saint-Baque de Bufor, un anagrama del alquimista Fabre du Bosquet.

UNA RUEDA
QUE DA MUCHAS VUELTAS

Al Arcano n.º X se le conoce como La Rueda de la Fortuna. Es un símbolo conocido desde la más remota antigüedad[1] que se puede aplicar a múltiples situaciones de la vida. En el caso que nos ocupa, se ha dicho que la Rueda de la Fortuna simbolizaba el fabuloso tesoro de los Templarios. Es posible. Lo que sí es cierto es que no podemos dejar de ver en este naipe tres etapas que, si bien en el ser humano corresponderían a la infancia, la madurez y la decrepitud, si lo relacionamos con la Orden del Temple se trataría de sus inicios, su apogeo y su caída.

---

1. Seguramente desde que Sófocles dijo que «como una rueda, la Fortuna da muchas vueltas».

Tarot de Court de Gébelin   *Tarot de Marsella*

Esta Rueda de la Fortuna es, no lo olvidemos, *una máquina*, o sea algo artificial, algo de origen humano. Tiene seis radios y una manivela. Los tres personajes ridículos y simiescos que aparecen en ella son, en el fondo, el mismo en tres estados distintos. Observemos que el que está arriba tiene el poder (la espada) y la gloria (la corona), pero se trata del poder y la gloria de este mundo.

En un manuscrito del siglo xii aparece una Rueda de la Fortuna con cuatro personajes. El de la derecha dice *Spes Regnabo* (Esperanza, Reinaré), el de la parte superior, *Gaudium, Regno* (Gozo, Reino), el de la izquierda, que está bajando, *Timor, Regnavi* (Temor, Reiné) y el que acaba de caer de la Rueda y está fuera de ella, Dolor, *Sine Regno* (Dolor, estoy sin Reino).

71

Un misterioso
ermitaño

El Arcano n.º VIIII, denominado El Hermitaño, es particularmente importante dentro de la simbología relacionada con los Templarios. Lo podemos hacer corresponder a un monje que desempeñó un papel fundamental en la creación del Temple: san Bernardo de Claraval.

Tarot de Court de Gébelin

Tarot de Marsella

Esta carta representa a un barbudo anciano que camina ayudándose de un bastón seco y de una linterna. Va vestido de rojo, con una capucha roja y un manto azul. Tanto su bastón como su barba, bigote, cara y manos son de color carne. El fondo del naipe está sin colorear, pero el bastón nos indica que El Hermitaño camina sobre un suelo amarillo estriado.

Para muchos autores este personaje representaría a Diógenes, que caminaba a la luz del día con una linterna encendida en busca de un hombre. Al menos simbólicamente, El Hermitaño es el hombre que se busca a sí mismo.

Hemos querido conservar la denominación de Hermitaño y no de Ermitaño, para hacer hincapié en el sentido hermético de este naipe, que representa al Sabio. Como ya vimos al hablar de La Templanza, la letra H corresponde a la hebrea *He* (ה), llamada también la letra de la Bendición.

En el llamado Tarot de Carey, Tarot revolucionario de 1791, el Ermitaño es denominado «El Pobre». No se trata únicamente de una proletarización del Ermitaño, pues existe una relación simbólica entre el pobre y la Bendición.[1]

En algún Tarot (*véase* pág. 75) el Hermitaño tiene un signo en la frente, recordándonos a Apocalipsis XII-16.

El número 9, que encontramos, por ejemplo en los nueve fundadores de la Orden, lo vemos también en los 72 (9 x 8) Artículos que no podemos dejar de relacionar con los 72 ángeles de la Cábala.[2]

---

1. Como podemos apreciar en el excelente artículo de Carlos del Tilo «El Rico y el Pobre», publicado en *La Puerta*, Barcelona, primavera de 1980.
2. El misterioso Salmo CXIII del que tomaron su divisa los Templarios consta de 8 versículos. El que debería ser el versículo número 9 es el famoso "Non nobis Domine, no nobis, sed nomini tuo da gloriam" pero en vez del número 9 en la traducción de San Jerónimo se le vuelve a considerar número 1. Es ésta una curiosidad que no deja de llamar la atención.

Hermite

Sello de San Bernardo

Asociado también con los 9 meses de la gestación, este número se escribe en hebreo con la letra *Tet* (ט), la inicial de *Tov*, uno de los misterios más importantes de la doctrina cabalística.

En el sello personal de san Bernardo podemos apreciar tres detalles importantes. El primero, la vara que sostiene con su mano izquierda y que recuerda a la que el Hermitaño sostiene con esta misma mano. El objeto que aguanta con la mano derecha no deja de recordar a la linterna del Hermitaño. Sin embargo, el detalle más importante es el triángulo invertido que vemos en su pecho. El triángulo en forma de V es el símbolo por excelencia de lo femenino.

En la T que podemos ver en la imagen de la página 76 se aprecia el lema de Constantino que aparecía en la iglesia de Rennes-le-Château junto con los cuatro evangelistas. A la izquierda aparece el rey Carlos V. La letra T que forma la cruz es una de las correspondencias de la letra hebrea *Taf* (ת), intercambiable con la *Tet* (ט). *Taf* quiere decir precisamente 'signo'. Una curiosidad: encima de Jesucristo leemos IRNI en vez de INRI. Eso, de alguna manera, nos está indicando que hay algo «al revés», algo de suma importancia invertido.

Observemos que toda la situación nos está señalando un triángulo invertido formado por los brazos de la T y las dos espadas. De nuevo la V, lo Femenino.[3]

3. Como señala René Guénon en sus *Símbolos fundamentales de la ciencia sagrada,* cap. XXXI «Este triángulo invertido es igualmente el esquema del corazón, y el de la copa, que está asimilada a aquél en el simbolismo, según hemos mostrado particularmente en lo que concierne al Santo Grial».

LOS MISTERIOS
DEL NÚMERO VII

Todo el Tarot, como por otra parte el libro del Apocalipsis, parece estar construido en base al número 7. 21 (7 x 3) Arcanos mayores, 56 (7 x 8) Arcanos menores… Todo ello hace que el Arcano n.º VII adquiera especial relevancia.

El Arcano n.º VII del Tarot de Marsella recibe el nombre de *Le Chariot*, que podemos traducir como «El Carro». En hebreo esta palabra se diría *Mercavah*. En algunos juegos de naipes y también en algunos Tarots recibe la denominación de «El Triunfo». Con todo, el carro que podemos ver en la mayoría de las barajas no es precisamente un carro triunfal.

Todo el esoterismo cabalístico parece girar en torno a dos grandes temas: *Bereshit* y *Mercavah*. *Bereshit*

corresponde al principio del Libro del Génesis y *Mercavah* a la famosa visión de Ezequiel en el capítulo 1 del libro que lleva su nombre.

Este naipe representa a un joven rubio e imberbe, de pie en un carro de forma cúbica, en el que cuatro columnas sostienen un dosel color carne. La cara, las manos y el carro en cuestión también son del mismo color carne. El cetro que sostiene con su mano derecha es distinto del que sostenía el Emperador (Arcano n.º IIII). En la cara frontal aparecen unas curiosas siglas: S. M. (*véase* ilustración inferior) algún autor moderno, ha llegado a decir que significan Su Majestad, pero no es posible pues no nos hallamos ante un rey sino ante un marqués, como indica su corona. Para otros autores sería una alusión al Mercurio (*Mercurius*) y al Azufre (*Sulphur*) alquímicos. Las hombreras que luce tienen forma de rostro y recuerdan a las del caballero de Espadas. Estos rostros hacen pensar en Jano y podrían representar el pasado y el futuro. El carro está tirado por dos caballos, que parecen dirigirse en direcciones opuestas, así como las dos ruedas del carro. Otra curiosidad digna de mención es que este auriga no utiliza ninguna rienda para llevar su carro.

Tarot de Court de Gébelin

Tarot de Marsella

Para algunos autores esta carta representaría a Faetón en el carro del Sol en su cielo diurno y su viaje más allá del río de los Infiernos. Curiosamente, si sumamos los botones del pecho con los del cinturón del personaje podemos contar exactamente 19 botones, lo cual nos dirige al Arcano n.º XVIIII, El Sol.

¿Qué relación podemos establecer entre este naipe y los caballeros Templarios? Aparentemente ninguna, pero recordemos que en algunas imágenes templarias aparece un caballo con dos caballeros; nos hallamos aquí ante la inversión: un caballero con dos caballos.

El n.º 19, por otra parte, nos lleva al Sol, que los alquimistas hacían corresponder con el oro. En algún Tarot vemos un curioso error en el nombre del Arcano n.º VII. En vez de *Chariot* leemos *Charior*. *Or,* 'oro' nos lleva a los misterios del Gran Arte.

El Carro en un antiguo
Tarot del siglo XVI

En la mayoría de los Tarots nos encontramos en la carta de El Carro con un personaje que sostiene un cetro. Sin embargo, en el Tarot del siglo XVI que aparece en esta misma página este personaje lleva una espada. El valor numérico de este naipe (7) nos lleva a la séptima letra del alfabeto hebro, la *Zain* (ז) que, curiosamente, significa 'espada'. El número 7 es uno de los números más importantes del Apocalipsis, y se refiere a las 7 iglesias, los 7 sellos, las 7 trompetas, etc.

El Alquimista
o los misterios de la Unidad

El primer Arcano del Tarot se llama *Le Bateleur*, y en los Tarots españoles e ingleses se lo traduce como El Mago. En realidad, un *Bateleur* no es un Mago sino más bien un bufón, un saltimbanqui. Existe incluso una palabra en antiguo provenzal, *batalhaire*, que significa 'charlatán'. Para muchos autores *Le Bateleur* simboliza al Adepto, y en el tema que nos ocupa se relaciona con Nicolás Flamel.[1] Según el libro de Brown, Nicolás Flamel fue el Gran Maestre del Priorato de Sión entre 1330 y 1418. A este gran alquimista, sin duda el más emblemático de todos los tiempos, no se le

El Mago en un antiguo Tarot del siglo XVI

---

1. Podemos ver en *Bateleur* una alusión a *Betel* (*véase* pág. 50) e incluso a *Betilo*.

conoce tanto por su *Libro de las figuras jeroglíficas* como por aparecer en los libros de la autora inglesa Rowling. Pero Flamel no es sólo un personaje de Harry Potter. Nicolás Flamel fue el alquimista más importante de su época titular de una descomunal fortuna. El libro de Flamel fue traducido al inglés y editado en Londres en 1624. Isaac Newton, otro Gran Maestre del Priorato de Sión según *El Código da Vinci*, lo tuvo en gran estima y poseía una copia manuscrita de su puño y letra del mismo.

El libro de Abraham el Judío

Según nos explica Flamel en su libro, aprendió los secretos de la Gran Obra gracias a un manuscrito titulado *El Libro de Abraham el Judío* (véase arriba).

Tarot de Court de Gébelin

Tarot de Marsella

Los estudiosos que se han interesado por vida de Nicolás Flamel han cometido todos el mismo error: confundir al personaje con el hombre que tenía una misión, una misión dentro de la historia de la transmisión en el esoterismo occidental que, sin duda, le superaba. Flamel fue un hombre más o menos corriente, con una vida también más o menos corriente hasta que la providencia hizo que cayera en sus manos un manuscrito que, como hombre corriente, fue incapaz de descifrar: *El libro de Abraham el Judío.* Después de su muerte (o de su desaparición, pues no está tan claro que falleciera), este libro fue la inspiración de una cadena de alquimistas que se acabaría con Fulcanelli y sus seguidores. Como ya señalábamos en el prólogo a nuestra edición del principal libro de Nicolás Flamel, fue sin duda este libro lo que le proporcionó la luz a Fulcanelli, que se basó en las descripciones realizadas por Flamel para «interpretar» alquímicamente la catedral de París. Flamel fue un hombre que para muchos pertenece a la leyenda, pero no nos cabe la menor duda de que fue un hombre de carne y hueso que trabajó en un laboratorio y que nos ha legado libros escritos de su puño y letra. Tuvo un sueño en el que un ángel le exhortaba a leer en un Libro, aunque no entendiera nada, porque «un día sería capaz de ver en él lo que ningún otro hombre es capaz». Cuando un tiempo después, alguien le vendió el manuscrito que había visto en sueños, no podía dar crédito a sus ojos. A pesar de todos sus esfuerzos no pudo entender qué significado tenía el contenido de aquel libro. Curiosamente la palabra *Maranatha*, que aparecía a menudo en el texto provocó en él una curiosidad sin límites que le llevaría, en la vida real o en sueños, poco importa, a encontrar a un sabio cabalista que le ayudara a interpretarlo. Flamel estuvo precisamente 21 años estudiando este misterioso libro. Aquí hemos de ver una referencia a los 21 Arcanos Mayores numerados del Tarot, teniendo en cuenta que Flamel corresponde al *Bateleur*, el primero de ellos.

Ya hemos visto que *Bateleur* significa 'saltimbaqui' o, si preferimos, 'bufón'. ¿Por qué, pues, lo asociamos con El Alquimista? Apoyándonos en lo que Fulcanelli denomina «lenguaje de los pájaros», esa cábala fonética tan cara a los alquimistas, podríamos leer *Bateleur*

como *Beteleur*, o sea alguien que hace «beteles o betilos»: la Piedra de los Sabios.

Como escribe Louis Cattiaux hablando precisamente de *Maranatha*: «basta con que un corazón sencillo y sagaz comprenda y practique aquí abajo la vía de Dios antes del tiempo del gran juicio que consumirá toda mugre y separará toda hez del cuerpo glorioso». Ésta fue precisamente la misión de Nicolás Flamel. Aquí podemos ver una curiosa relación con los Arcanos XX , el Juicio y XXI, el Mundo.

El gran juicio que consumirá toda mugre y separará toda hez aparece en el Tarot en el Arcano n.º XX, en el que podemos ver a un ángel tañendo la trompeta como nos indica el libro del Apocalipsis.

El cuerpo glorioso es lo que nos está mostrando un poco impúdicamente la figura femenina que aparece en el Arcano XXI. La separación de la hez o de la piel de bestia del cuerpo glorioso es precisamente el acto de «mondar» que da nombre a este naipe. En él nos encontramos con otro de los grandes símbolos femeninos: la Mandorla. Esta palabra, que significa 'almendra', se refiere en la iconografía ortodoxa a la Gloria. Es una alusión al cuerpo glorioso, final de la Gran Obra.

El Juicio y el Mundo en el Tarot de Court de Gébelin

LA COPA
Y EL CORAZÓN

El sueño de Jacob es la clave del Tarot, como ya sugerimos en *El Tarot Esotérico.*[1] La Baraja, que nos lleva a *Berajah* conecta fonéticamente con *Barekah*, 'amanecer', 'lucero del alba'. Sabemos, por la Cábala, que Jacob simboliza al hombre celeste y el color que simbólicamente se le atribuye es el azul.[2] Por otra parte, se lo relaciona con el número 12, pues él fue el padre de las 12 tribus. El número 12 nos lleva a la duodécima letra, la *Lamed* y al Arcano XII, 'El Ahorcado'. Éste es un extraño ahorcado, pues no lo está por el cuello, como correspondería, sino por el talón. Y curiosamente en hebreo *Acav*, 'talón' es la raíz etimológica del nombre Jacob. La interpretación

El Ahorcado,
Tarot de Marsella.

---

1. Ver Julio Peradejordi *El Tarot esotérico*, 6.ª edición, Barcelona. 1999, pág. 13 y ss.
2. Observemos que en el Tarot de Marsella a partir de este naipe los personajes aparecen con los cabellos de color azul.

que habitualmente se da de este naipe es descorazonadora: sacrificio, fracaso, pérdida. Sin embargo, si nos fijamos en el personaje, vemos que está particularmente alegre: ni un ápice de sufrimiento. La letra *Lamed* significa 'aprender'; según el gran cabalista Rabí Itzjak Ginsburgh representa «el corazón de un hombre sabio ascendiendo para comprender». El personaje que aparece en este naipe se ha dado la vuelta (en la Cábala se diría que «ha hecho *Teshuvah*») para entrar en ese final que para algunos (uno o dos por siglo) es un principio,[3] pasando por la experiencia fulminante que lo llevará a lo que simboliza el Arcano XVII, La Estrella. La letra *Lamed* es la inicial de *Lev*, 'corazón'.

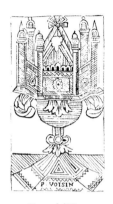

*Copa del Tarot
de P. Voisin*

René Guénon ya señaló en diversas ocasiones[4] la relación entre la Copa y el Corazón. Ambos motivos señalan un mismo misterio que podemos ver evocado en el Tarot por el llamado «Palo» de las Copas.

El naipe que tanto en el Tarot de Court de Gébelin como en el Tarot de Marsella corresponde al 1 de Copas nos presenta una copa harto curiosa, que más parece un recinto templario que un mero recipiente.

La leyenda nos presenta al Grial como la copa que Jesús utilizó en la Última Cena, aunque en las distintas fuentes el concepto de Grial varía considerablemente. Se han aventurado diversas etimologías a esta palabra, siendo la más aceptada la de monje cisterciense Helinandus (siglo XIII), que hace referencia a la visión del un ermitaño (en el año 717) del plato o la copa utilizados por Jesús en la Última Cena, en la que el ermitaño escribió un libro en latín llamado *Gradale*.

---

3. *Véase* pág. 19
4. *Véase* nota 3 en pág. 76.

De este modo nos encontramos con dos aspectos de un mismo símbolo: la copa y el libro. Helinandus nos informa que «*Gradalis* o *Gradale* es un plato (*scutella*) ancho y un poco profundo en el que solían servirse costosos manjares a los ricos en forma gradual (*gradatim*), bocado tras bocado en diferentes hileras».

La interpretación de «Sant Grial» como «sangre real» (sangre real) que tanto gustó a Leigh y Baigent y que retoma el autor de *El Código da Vinci* no se difundió hasta finales de la Edad Media. Fonéticamente suena muy bien, pero etimológicamente no se sostiene.

René Guénon compara una de las leyendas que relaciona el Grial con la esmeralda que se desprendió de la frente de Lucifer en el momento de su caída con el llamado Tercer Ojo, que en la tradición

I de copas del Tarot de Court de Gébelin.

hindú se conoce como «sentido de la eternidad». Esta relación –escribe Guénon–,[5] nos parece más adecuada que cualquier otra para esclarecer perfectamente el simbolismo del Grial; y hasta puede captarse en ello una vinculación más con el corazón, que, para la tradición hindú como para muchas otras, pero quizá todavía más claramente, es el centro del ser integral, y al cual, por consiguiente, ese «sentido de la eternidad» debe ser directamente vinculado.

En la versión alemana de la leyenda, Von Eschenbach se refiere detalladamente a esta esmeralda y nos revela cuáles son sus virtudes y quiénes son sus guardianes: los Templarios. Como escribe Carlos de Tilo:

> «…unos valientes caballeros moran en el castillo de Montsalvatge donde se guarda el Grial. Éstos son los Templarios quienes, a menudo, cabalgan lejos en busca de aventuras… En este castillo

---

5. *Sobre esoterismo cristiano*, Ediciones Obelisco, Barcelona, 2021.

reside una tropa de altivos guerreros. Quiero deciros con qué se sustentan: todo lo que les sirve de alimento les viene de una piedra preciosa que, en su esencia, es toda pureza. Si no la conocéis, os diré su nombre: se le llama *lapsit exillis*. Por la virtud de esta piedra, el Fénix se consume y convierte en cenizas; pero de estas cenizas renace la vida; gracias a esta piedra el Fénix realiza su muda para reaparecer luego en todo su esplendor y más hermoso que nunca. Cualquier hombre, por enfermo que esté, puesto en presencia de dicha piedra, con seguridad seguirá escapando de la muerte durante toda la semana que sigue al día en que la ha visto. Quien la ve deja de envejecer. Desde el día en que esta piedra se les aparece, todos los hombres y todas las mujeres recuperan el aspecto que tenían en la época de la plenitud de sus fuerzas. Si permaneciesen en presencia de la piedra a lo largo de doscientos años no cambiarían, sólo sus cabellos se volverían blancos. Dicha piedra da al hombre tal vigor que sus huesos y su carne recuperan enseguida su juventud. También lleva el nombre de Grial».[6]

Entre las virtudes del Grial, Julius Evola[7] señala cinco, que resumimos:

1. Posee una virtud iluminadora.
2. Es dador de vida.
3. Es capaz de curar heridas mortales y de prolongar la vida.
4. Proporciona un poder sobrehumano y da la victoria.
5. Es mortalmente peligroso ya que puede cegar e incluso fulminar al indigno.

La Copa, el Corazón, la Rosa, la Almendra,[8] el Templo, se trata siempre del mismo símbolo: el lugar sagrado de la recepción.

---

6. Carlos del Tilo, en *La Puerta*, n.º 27, Otoño 1983.
7. Ver Julius Evola, *El Misterio del Grial*, Plaza y Janés, Barcelona 1975, pág. 95.
8. «Como el hecho de que el *Ómphalos* y el betilo, incontestablemente símbolos del centro, tengan a menudo forma ovoide, como era el caso, en particular, del *Ómphalos délfico*, muestra a las claras que ha de ser así» (René Guénon: *El corazón y El huevo del mundo*, «Études Traditionnelles», febrero de 1938).

La característica principal de este lugar es su cualidad receptiva, femenina. Como todas las flores, la rosa está provista, desde el punto de vista botánico, de un cáliz en el cual se almacena el néctar, y el sagrado Cáliz es uno de los nombres por los que se conoce al Grial.

El Grial es el Vaso sagrado, algo que encontramos en todas las tradiciones, antes y después de Jesucristo. Es la copa sacrificial que contiene el *Haoma* mazdeo o el *Soma* védico, ambos elixires de la inmortalidad, como también la ambrosía griega o el hidromiel de la mitología nórdica germánica, el misterioso Odrerir, que proporcionaba el don de la poesía y la eterna juventud. Quizá el símbolo más sencillo del Grial y por ello también el más poderoso es el triángulo con el vértice hacia abajo, representación tradicional tanto del Corazón como de lo Femenino, que en el simbolismo hermético correspondería al elemento Agua. Es también la letra V, mayúscula, inicial de *Vita*, 'vida' y *Virgo*, 'virgen'. Otro símbolo que se le asocia es el de la flor cuya forma evoca la idea de «receptáculo», como muy bien señala Guénon.

La esmeralda recuerda de modo notable la *urnâ,* perla frontal que, en la iconografía hindú, ocupa a menudo el lugar del tercer ojo de Shiva, representando lo que puede llamarse el «sentido de la eternidad». En el centro del *yantra* de Shiva podemos apreciar otro símbolo universal: la Estrella de Seis Puntas, en la que ▼ y ▲ están unidos.

A MODO DE CONCLUSIÓN

Rompe el cántaro, pues, eres agua, no cántaro.
Ve más allá de ti mismo, pues, eres mar, no río.

MOHAMMAD SHIRIN DE TABRIZ

Ya vimos, al principio de este libro, que Guénon sostenía que cuando una forma tradicional está a punto de extinguirse, sus últimos representantes pueden muy bien confiar voluntariamente a una memoria colectiva lo que, de otro modo, se perdería irremisiblemente; esta memoria colectiva, en el caso que nos ocupa, es el Tarot. Los representantes de una corriente tradicional a punto de extinguirse, los Templarios. Para Guénon «éste es, en suma, el único modo de salvar lo que puede serlo en una cierta medida; y, al mismo tiempo, la incomprensión natural de la masa es una garantía suficiente de que lo que poseía un carácter esotérico no por ello será desposeído del mismo, permaneciendo solamente, como una especie de testimonio del pasado, para aquellos que, en otros tiempos, serán capaces de comprenderlo».

Resulta paradójico, pero la manera más eficaz de guardar un secreto es ocultarlo allí donde nadie presupone que pueda encontrarse. Una antigua leyenda explica que cuando el Creador quiso ocultar la Verdad no la escondió en el fondo del mar ni en el pico del monte más alto, sino en el único lugar donde el hombre no iría a buscarla: en su propio corazón. Este cuento tiene, sin embargo, más miga de lo que parece, pues nos está diciendo que Dios no escondió la Verdad allí donde el hombre podía ir a buscarla *profanamente*, sino en el único lugar donde por su naturaleza misma el profano tiene vedada la entrada: el corazón. Louis Cattiaux escribía en *El mensaje reencontrado* «que el Templo del Señor es su Gracia dentro de nuestro corazón».[1] El Templo, símbolo por excelencia de los templarios, no es, pues, para el Sabio distinto del corazón, ni de la Rosa, ni del Grial. Es el lugar de la recepción, de la experiencia iniciática, que no es una experiencia exterior y profana (*pro-fano* significa «fuera del Templo»). Pero el cuento nos está diciendo también cuál es esa Verdad que el Creador ocultó: es el corazón, equivalente en la baraja francesa de lo que en el Tarot es la Copa, es el Grial.

Vimos, al hablar del Arcano n.º XVI denominado La *Maison-Dieu* y que en algunos Tarots recibe el nombre de la *Fouldre*, la relación entre *Betel* (traducción literal en hebreo de *Maison-Dieu*) y el *betilo*, o «piedra de la tormenta». El lugar en el que Jacob tuvo su famoso sueño y que llamó *Betel* o *Luz* es el mismo en el que más tarde se alzaría el Templo de Salomón. Según la Tradición *Betel* era también el nombre de la piedra que Jacob utilizó como almohada durante su sueño. Recordemos que uno de los nombres que recibió el Grial es precisamente *lapis betilis*, lo que, según Evola[2] «nos remite a Βαιτυλος, a la piedra caída del cielo en la mitología griega». El *Betilo* es tambien el *Omphalos*, el Ombligo que no sólo simboliza al Centro, sino también el lugar que nos conecta con lo Superior. Esta piedra representaba el punto de comunicación entre el cielo, la tierra y el mundo subterráneo.

Como indicábamos en el capítulo dedicado al Bateleur, podemos establecer una relación etimológica, aunque por lo que sabemos nadie la ha hecho antes, entre *Bateleur* y *Betilo*. También, por disparatado que parezca, entre *Betilo* y *Beetle*, 'escarabajo' en inglés.

1. Ver Louis Cattiaux, *El mensaje Reencontrado*, Sirio, Málaga, 1987, pág. 196.
2. Op. cit. pág. 90.

Emisario del Sol, símbolo de la luz y de la regeneración, el escarabajo designaba entre los egipcios a los iniciados. Uno de los nombres de Ra, el dios del Sol, era precisamente *Kepera*, 'escarabajo' que simbolizaba la resurrección.

Cráneo humano   *Escarabajo*

¿Qué tendrá que ver el escarabajo sagrado con el Grial? O, dicho de otro modo, ¿qué tendrá que ver el Grial con el escarabajo? La relación entre el cráneo humano y el escarabajo señalada por R. A. Schwaller de Lubicz,[3] es evidente en la ilustración que tomamos prestada de este autor. El cráneo también es, de algún modo, recipiente o Grial. Sobre él recae la unción (recordemos que Jacob «ungió» la piedra sobre la cual recostó su cabeza) y sobre él se coloca la corona, símbolo de la luz y de la Bendición. «Escarabajo» se dice en griego χανφαρυς, «cantarus», lo que nos lleva a un término tan castizo como «cántaro». Como la garrafa (del árabe *quarrabah*), el ánfora, la tinaja, la jarra, la botella, la copa o el cuenco, se trata siempre del mismo misterio: el Grial, el rompecabezas por excelencia.

3.   Ver R. A. Schwaller de Lubicz, *Le temple dans l'homme*, El Cairo. 1949, pág. 35.

Índice